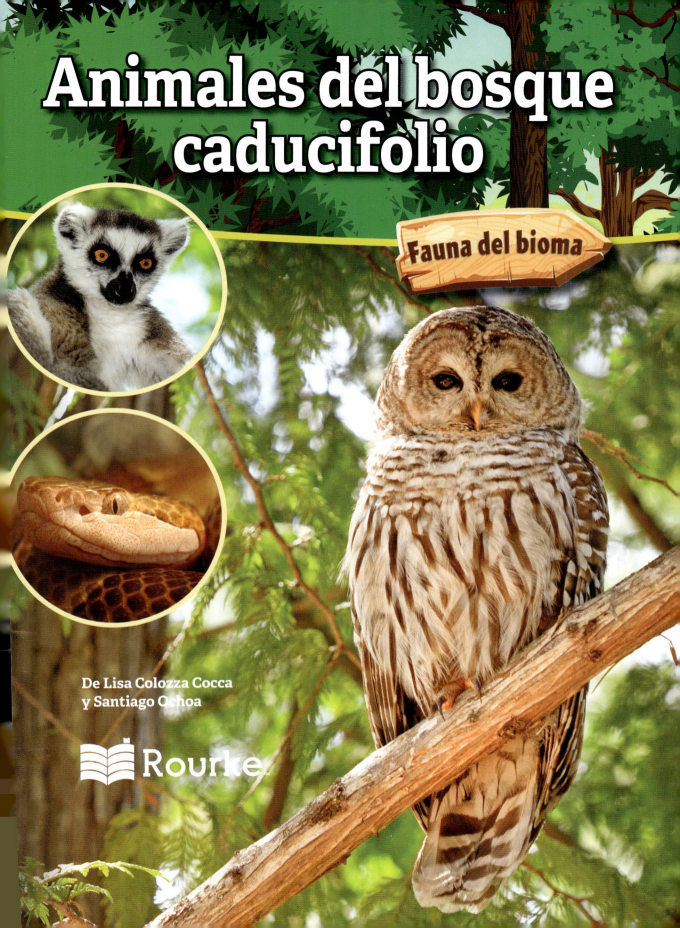

CONEXIONES de la ESCUELA a la CASA
DE ROURKE

ANTES Y DURANTE LAS ACTIVIDADES DE LECTURA

Antes de la lectura: *Desarrollo del conocimiento del contexto y el vocabulario*

Construir el conocimiento del contexto puede ayudar a los niños a procesar la información nueva y a usar la que ya conocen. Antes de leer un libro, es importante utilizar lo que ya saben los niños acerca del tema. Esto los ayudará a desarrollar su vocabulario e incrementar su comprensión de la lectura.

Preguntas y actividades para desarrollar el conocimiento del contexto:

1. Ve la portada del libro y lee el título. ¿De qué crees que trata este libro?
2. ¿Qué sabes de este tema?
3. Hojea el libro y echa un vistazo a las páginas. Ve el índice, las fotografías, los pies de foto y las palabras en negritas. ¿Estas características del texto te dan información o ayudan a hacer predicciones acerca de lo que leerás en este libro?

Vocabulario: *El vocabulario es la clave para la comprensión de la lectura*

Use las siguientes instrucciones para iniciar una conversación acerca de cada palabra.

- Lee las palabras del vocabulario.
- ¿Qué te viene a la mente cuando ves cada palabra?
- ¿Qué crees que significa cada palabra?

Palabras del vocabulario:
- bolitas
- distintas
- hibernan
- letargo
- madrigueras
- matorral
- migran
- subpelo
- subtropicales
- territorio

Durante la lectura: *Leer para entender y conocer los significados*

Para lograr una comprensión profunda de un libro, se anima a los niños a que usen estrategias de lectura detallada. Durante la lectura, es importante hacer que los niños se detengan y establezcan conexiones. Esas conexiones darán como resultado un análisis y entendimiento más profundos de un libro.

Lectura detallada de un texto

Durante la lectura, pida a los niños que se detengan y hablen acerca de lo siguiente:

- Partes que sean confusas.
- Palabras que no conozcan.
- Conexiones texto a texto, texto a ti mismo, texto al mundo.
- La idea principal de cada capítulo o encabezado.

Anime a los niños a usar las pistas del contexto para determinar el significado de las palabras que no conozcan. Estas estrategias los ayudarán a aprender a analizar el texto más minuciosamente mientras leen.

Cuando termine de leer este libro, vaya a la penúltima página para ver las **Preguntas relacionadas con el contenido** y una **Actividad de extensión**.

Índice

Biomas..4
Bosques caducifolios templados.............................6
Bosques caducifolios tropicales y subtropicales........... 17
Actividad: Camuflaje...................................... 29
Glosario.. 30
Índice alfabético... 31
Preguntas relacionadas con el contenido................... 31
Actividad de extensión.................................... 31
Acerca de la autora....................................... 32

Biomas

Un bioma es una gran región de la Tierra con seres vivos que se han adaptado a las condiciones de esa región.

Existen dos tipos principales de biomas caducifolios: los caducifolios templados y los caducifolios tropicales y **subtropicales**.

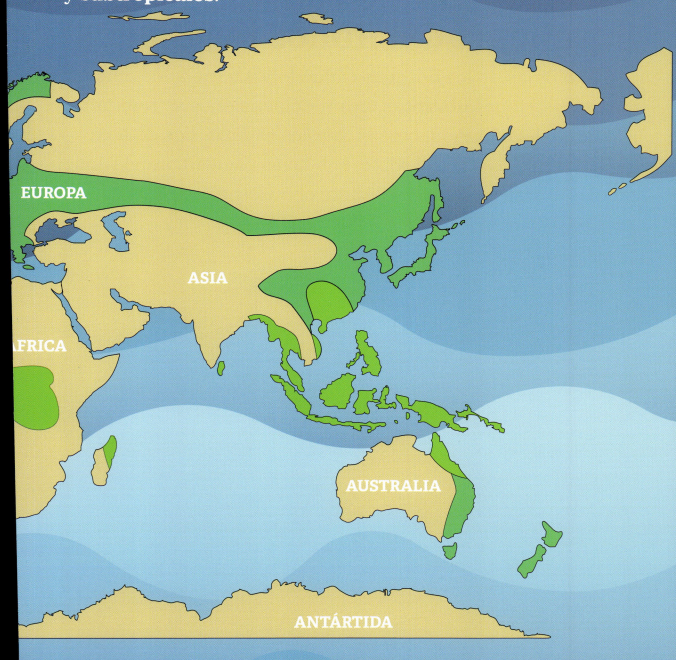

Bosques caducifolios templados

Los biomas de los bosques caducifolios templados tienen cuatro estaciones **distintas**. Las precipitaciones se reparten a lo largo del año. Aquí crecen árboles caducifolios de hoja ancha, como el arce y el roble. Las hojas caen en otoño y los árboles entran en **letargo** durante el invierno.

El bosque caducifolio templado alberga mamíferos de todos los tamaños. Allí viven ratones, puercoespines, mapaches, osos y linces. El ciervo de cola blanca es un animal común. En primavera, los ciervos se alimentan de hierbas blandas y flores. En invierno adaptan su dieta y se alimentan de cortezas, ramitas y plantas leñosas.

La ardilla listada del este americano come semillas, frutas e insectos. Las ardillas listadas tienen bolsas elásticas en las mejillas. En verano y otoño, recogen comida en sus mejillas y la almacenan en sus **madrigueras** para el invierno. En invierno, entran en un sueño profundo, o *torpor*. Se despiertan a menudo para comer la comida almacenada.

ardilla listada

Muchas aves, como los cardenales, los petirrojos y las águilas, viven también en los bosques caducifolios templados.

petirrojo

cardenal

El azor común, un tipo de halcón, es una gran ave depredadora de color gris. Se alimenta principalmente de roedores, conejos y otras aves. Sus alas anchas y redondeadas la ayudan a volar, planear y abatirse rápida y silenciosamente sobre sus presas. Si el alimento escasea demasiado en invierno, los halcones **migran** al sur para encontrarlo.

Los cárabos norteamericanos permanecen activos todo el año. Son carnívoros. Estos hábiles cazadores tienen un oído casi dos veces y media más agudo que el de una persona. Pueden oír el chirrido de los ratones a 660 pies (201 metros) de distancia. Los cárabos norteamericanos se tragan las presas enteras y escupen **bolitas** hechas con los huesos y las plumas o el pelo de la presa.

Los reptiles y anfibios de sangre fría también pueden encontrarse en los bosques caducifolios templados. Las serpientes cabeza de cobre son de color café, con bandas de color café más claro. Su coloración se mezcla con las rocas y el **matorral**.

La cabeza de cobre es una víbora de fosetas. Las fosetas que tiene a ambos lados de la cabeza son sensores que detectan puntos cálidos para ayudar a la serpiente a localizar presas cercanas. En invierno, se desliza con otras serpientes hacia una guarida subterránea para mantenerse caliente.

¿Sabías que?
La serpiente cabeza de cobre es la serpiente que más personas muerde en Estados Unidos.

Los sapos americanos también evitan el frío. **Hibernan** en madrigueras profundas. Cuando termina el invierno, los sapos se mantienen ocupados comiendo unos 1000 insectos al día. Su piel verrugosa ayuda a mantener alejados a los depredadores. ¡Las glándulas de su piel liberan veneno!

El bosque caducifolio templado también es hogar de insectos y arácnidos. Una cigarra cava una profunda madriguera subterránea. Con su boca afilada y tubular corta las raíces de las plantas y succiona su savia. Algunos tipos de cigarras permanecen bajo tierra durante un año. Otras permanecen bajo tierra durante 13 o 17 años.

¿Sabías que?
Permanecer bajo tierra protege a las cigarras de los depredadores, que se olvidan de que los insectos están ahí.

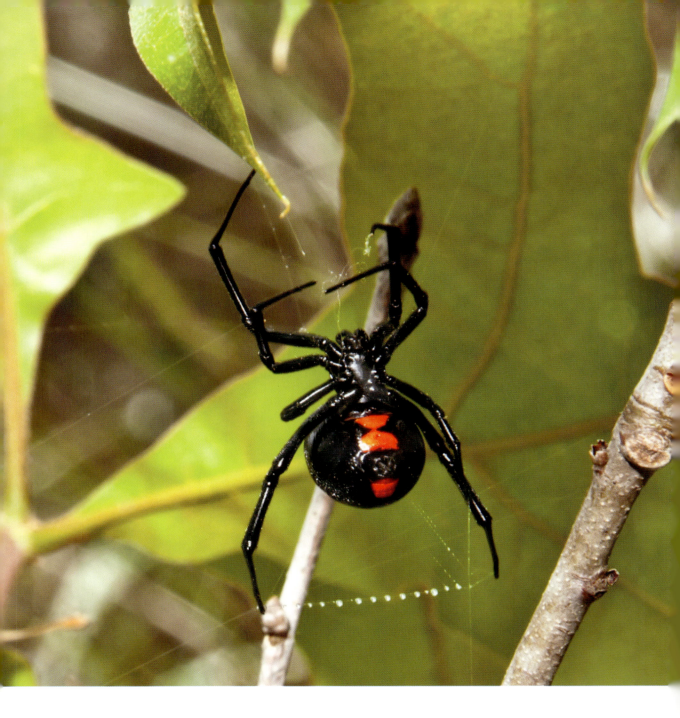

Las arañas viuda negra se esconden bajo las rocas y las hojas. En invierno, eligen entre dos formas de sobrevivir. Algunas arañas se trasladan a construcciones cercanas. Otras hacen más lento su ritmo cardíaco y respiratorio, por lo que necesitan menos energía para sobrevivir al frío.

Bosques caducifolios tropicales y subtropicales

Los biomas forestales tropicales y subtropicales tienen una estación húmeda y otra seca. Durante la estación húmeda caen fuertes lluvias. Durante la estación seca llueve poco o nada. El clima es de cálido a caluroso durante todo el año. La teca, la palma y el bambú son comunes aquí. Durante la estación seca, las hojas caen y los árboles permanecen inactivos.

> ### ¿Sabías que?
> Los osos perezosos comen insectos. Sus fosas nasales se cierran cuando meten el hocico en nidos y colmenas de insectos. Les faltan los dos dientes delanteros para poder aspirar los insectos.

Los mamíferos de los bosques caducifolios tropicales y subtropicales se adaptan al calor y a los largos periodos de sequía. El oso perezoso vive en los bosques del sur de Asia. Tiene un pelaje desgreñado sin **subpelo**. Esto ayuda al animal a liberar parte de su calor corporal.

¿Sabías que?

El lémur de cola anillada tiene una larga cola con rayas blancas y negras. No puede agarrarse a los árboles con la cola como hacen los monos.

Los lémures de cola anillada viven en los bosques cálidos de Madagascar. Los lémures utilizan sus manos y pies para moverse entre los árboles. Pasan hasta la mitad del día en el suelo, donde es más fresco. Los lémures comen frutas, plantas y savia. Durante la estación seca, los lémures recorren grandes distancias para encontrar comida.

pavo real

Los bosques caducifolios tropicales y subtropicales son el hogar de muchas aves coloridas, como el pavo real de la India. El macho es de color azul y verde brillante.

El pavo real levanta sus largas plumas traseras con las cortas de la cola y las abre en abanico. Las plumas facilitan a los depredadores la detección del ave. El pavo real huye si se asusta. Los pavos reales son las aves voladoras más grandes.

pava

¿Sabías que?
La hembra del pavo real es mucho más simple que el macho. Sus plumas cafés la ayudan a confundirse con los arbustos donde se esconde el nido.

La urraca de garganta negra es azul y blanca con la garganta negra. Esta ave inteligente anida a unos 100 pies (30 metros) de altura en un árbol para que menos depredadores puedan alcanzarla. Esconde más frutos secos y bayas durante la estación húmeda. Recuerda dónde está escondida la comida y regresa cuando la necesita.

¿Sabías que?
¡La urraca de garganta negra también es agricultora! Abandona parte de la comida que esconde y esta se convierte en nuevas plantas.

Los reptiles y anfibios de los bosques caducifolios tropicales y subtropicales cambian su comportamiento en cada estación. Durante la estación húmeda, el cocodrilo del Nilo vive solo en su propio **territorio** en un río o pantano. Los ríos y pantanos se reducen durante la estación seca. Los cocodrilos se adaptan viviendo juntos y compartiendo el agua disponible.

¿Sabías que?

Los cocodrilos del Nilo se alimentan principalmente de peces, pero comen cualquier cosa que se cruce en su camino. Cada año, los cocodrilos del Nilo se comen a unas 200 personas.

La rana pollo de montaña, o rana gigante, es una de las ranas más grandes que se encuentran en los bosques tropicales y subtropicales. Durante la estación húmeda, se sienta y espera a que pase una presa. La coloración de la rana le ayuda a mimetizarse con el suelo.

La hembra tiene una adaptación especial que protege a sus crías durante la época seca. La rana cava una madriguera en el suelo. Luego, produce una espuma espesa que forma un nido en la madriguera. La espuma mantiene húmedos los huevos y los renacuajos durante la estación seca. La hembra va añadiendo espuma a medida que la necesita. Las ranas jóvenes llegan a la edad adulta y abandonan la madriguera cuando vuelve la estación húmeda.

Durante la estación seca, la araña cazadora vive en el suelo bajo pedazos de corteza u hojas. En lugar de tejer telarañas, se sienta y espera a que pasen los insectos. Esta rápida araña puede perseguir a su presa si es necesario. A la cazadora no le gusta la estación húmeda. Se traslada al interior cuando llegan las lluvias fuertes.

¿Sabías que?
La araña cazadora es llamada a veces araña cangrejo gigante. Sus largas patas se extienden como las de un cangrejo.

Los biomas de los bosques caducifolios están llenos de vida. Las plantas y los animales de estos biomas se han adaptado a los desafíos del clima y han aprendido a sobrevivir y prosperar en todas las estaciones.

ACTIVIDAD: Camuflaje

Muchos animales de los bosques caducifolios utilizan el camuflaje para protegerse. Aprende sobre el camuflaje con este proyecto.

Qué necesitas

- dos hojas de cartulina
- tijeras
- papel plástico para envolver
- cinta adhesiva
- lápices de colores
- cartulina verde

Instrucciones

1. Corta el centro de una hoja de cartulina, creando un marco.
2. Pega una cinta plástica sobre el marco, rellenando completamente la abertura.
3. En una segunda hoja de cartulina, dibuja un bosque caducifolio templado a finales del otoño o un bosque caducifolio tropical en la estación seca. Incluye árboles, plantas y animales. Asegúrate de colorear correctamente cada animal y de mostrarlo en un lugar donde realmente vive en el bosque. Investiga un poco si es necesario.
4. Con la cartulina verde, recorta formas de hojas. Pégalas en el marco de plástico.
5. Cubre tu foto del bosque con el marco. ¿Puedes ver a los animales?
6. Retira lentamente las hojas del marco de una en una.

¿Puedes ver más animales antes o después de quitar las hojas? ¿Cuántas hojas retiraste antes de poder ver a todos los animales? ¿De qué manera la coloración de cada animal facilitó o dificultó encontrarlo? ¿Qué tipo de camuflaje crees que ayudaría más a los animales que viven en el bioma que elegiste?

Glosario

bolitas: En este caso, bolas pequeñas y duras de materiales que no se pueden digerir, como huesos y plumas.

distintas: Claramente diferente de las demás.

hibernan: Que entran en un estado de sueño prolongado en el que el ritmo cardíaco y respiratorio de un animal disminuye considerablemente.

letargo: Estado en el que una planta está viva pero no crece.

madrigueras: Agujeros subterráneos que sirven de hogar a los animales.

matorral: Terreno donde crecen pequeños arbustos.

migran: Que se desplazan de una región a otra en una época determinada del año, especialmente para encontrar comida o agua.

subpelo: Capa de pelo corto o de pelaje cubierta por un pelaje más largo, áspero o grueso.

subtropicales: Zonas próximas a las zonas tropicales cálidas y húmedas.

territorio: Zona separada que pertenece a un individuo o a un grupo.

Índice alfabético

anfibios: 12, 23
arácnidos: 15, 26
árbol(es): 6, 17, 19, 22
ave(s): 9, 10, 20, 21, 22, 26
estación húmeda: 17, 22, 23, 24, 25, 27
estación seca: 17, 19, 23, 25, 27
insectos: 8, 14, 15, 18, 26, 27
mamíferos: 7, 18
plumas: 11, 21
reptiles: 12, 23

Preguntas relacionadas con el contenido

1. ¿Qué hace la araña cazadora cuando llegan las fuertes lluvias?
2. Describe cómo cuida una rana pollo de montaña a sus crías.
3. ¿Por qué son importantes las madrigueras en los bosques caducifolios templados y tropicales?
4. ¿Por qué crees que el autor explica que los lémures se diferencian de los monos?
5. Explica por qué funciona bien el camuflaje de la oruga de la mariposa cola de golondrina de los cítricos.

Actividad de extensión

Imagina que tienes la posibilidad de trasladarte a un bosque templado o a un bosque tropical o subtropical caducifolio. ¿Cuál elegirías? ¿Por qué? ¿Qué adaptaciones tendría que hacer tu familia para afrontar los retos del bioma? Escribe tus ideas.

Acerca de la autora

Desde que tiene uso de razón, a Lisa Colozza Cocca le gusta leer y aprender cosas nuevas. Vive en Nueva Jersey, en la costa. Uno de sus objetivos en la vida es no encontrarse nunca con una serpiente cabeza de cobre en el bosque. Puedes aprender más sobre Lisa y su obra en www.lisacolozzacocca.com (página en inglés).

© 2023 Rourke Educational Media

All rights reserved. No part of this book may be reproduced or utilized in any form or by any means, electronic or mechanical including photocopying, recording, or by any information storage and retrieval system without permission in writing from the publisher.

www.rourkebooks.com

PHOTO CREDITS: Cover & Title Page: © mikespics, ©Patrick_Gijsbers, ©guenterguni, ©Pg 1, 12, 18, 20, 22, 24, 26, 29, 30, 32 ©AVTG; Pg 1, 3, 6 ©ekolara; Pg 4 ©CarlaNichiata; Pg 6 ©Patrick Foto; Pg 7 ©KenCanning; Pg 8 ©BrianLasenby; Pg 9 ©rpbirdman, ©NightAndDayImages; Pg 10 ©Andyworks; Pg 11 ©suefeldberg; Pg 12 ©Wildvet; Pg 14 ©JasonOndreicka; Pg 15 ©WerksMedia; Pg 16 ©JasonOndreicka; Pg 17 ©Ramdan_Nain; Pg 18 ©Patrick_Gijsbers; Pg 19 ©luobin17; Pg 20 ©wonry; Pg 21 ©shah.jai; Pg 22 ©rkhphoto; Pg 23 ©BirdImages; Pg 24 ©Matthijs Kuijpers; Pg 25 ©Gannet77; Pg 26 ©Timothy Olls; Pg 27 ©Jon Richfield; Pg 28 ©suefeldberg

Editado por: Laura Malay
Diseño de la tapa: Kathy Walsh
Diseño interior: Rhea Magaro-Wallace
Traducción: Santiago Ochoa

Library of Congress PCN Data

Animales del bosque caducifolio / Lisa Colozza Cocca
(Fauna del bioma)
 ISBN 978-1-73165-461-8 (hard cover)
 ISBN 978-1-73165-512-7 (soft cover)
 ISBN 978-1-73165-545-5 (e-book)
 ISBN 978-1-73165-578-3 (e-pub)
Library of Congress Control Number: 2022940978

Rourke Educational Media
Printed in the United States of America
01-0372311937